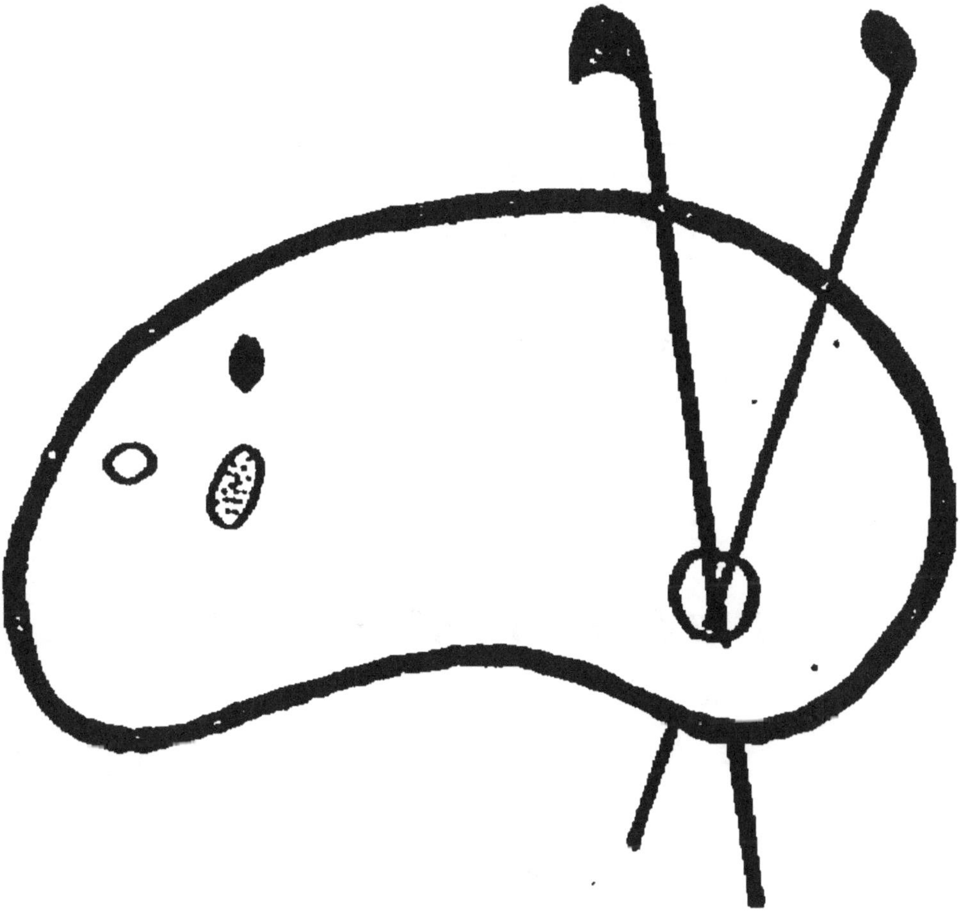

DEBUT D'UNE SERIE DE DOCUMENTS
EN COULEUR

CAMILLE MIZOULE

Lauréat des Muses armoricaines et vendéennes
et Collecteur de l'Œuvre du Noviciat des Frères de Saint-Viateur
aux Ternes, par Saint-Flour (Cantal)

LA BRETAGNE

A VOL D'OISEAU

IMPRESSIONS DE VOYAGE

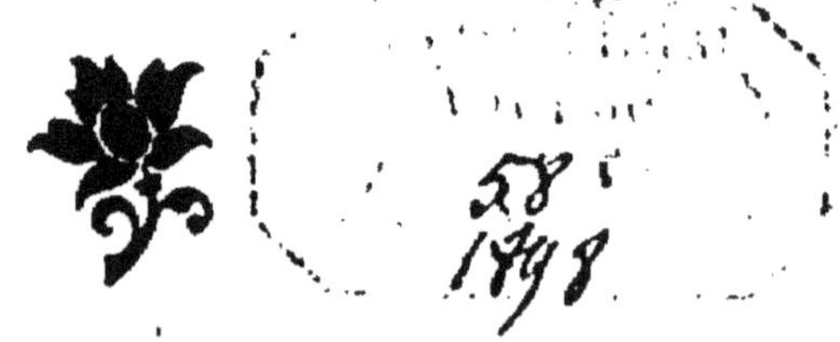

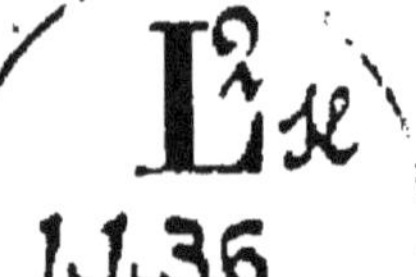

LIGUGÉ (VIENNE)

IMPRIMERIE SAINT-MARTIN

1898

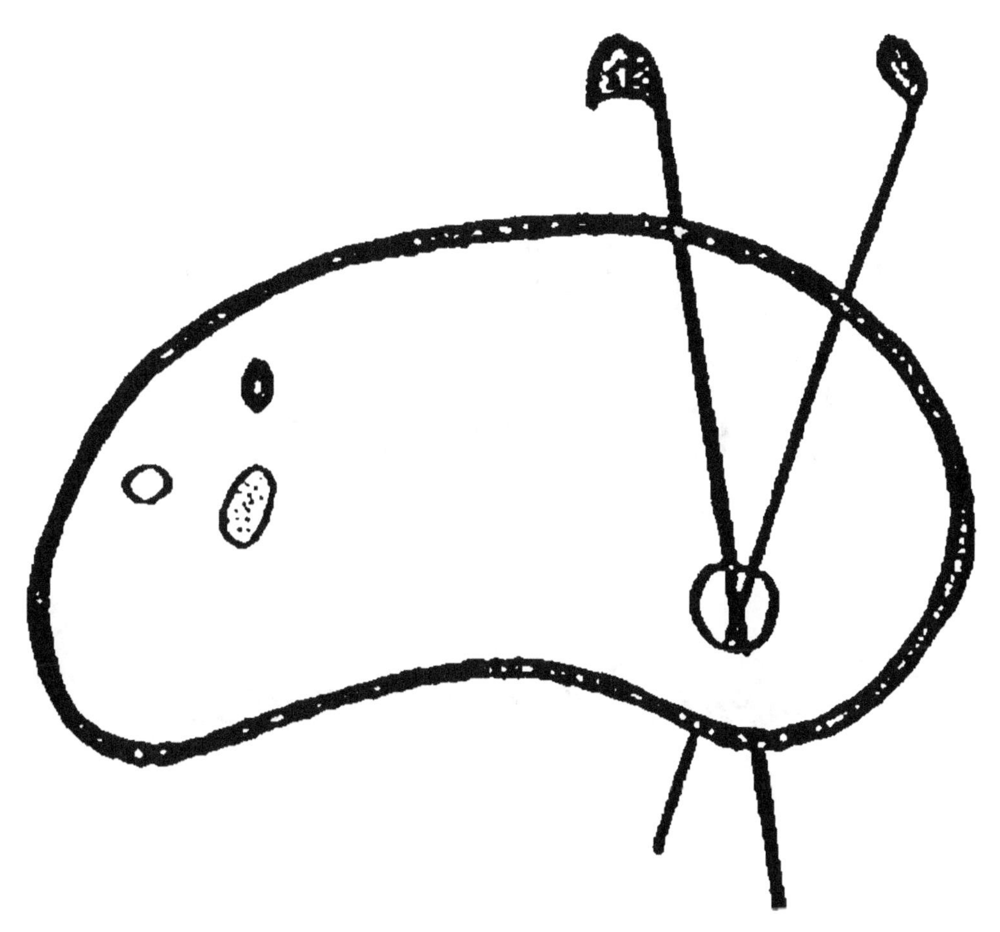

FIN D'UNE SÉRIE DE DOCUMENTS
EN COULEUR

CAMILLE MIZOULE

Lauréat des Muses armoricaines et vendéennes
et Collecteur de l'Œuvre du Noviciat des Frères de Saint-Viateur
aux Ternes, par Saint-Flour (Cantal)

LA BRETAGNE

À VOL D'OISEAU

—

IMPRESSIONS DE VOYAGE

LIGUGÉ (VIENNE)

IMPRIMERIE SAINT-MARTIN

1898

CAMILLE MIZOULE

Lauréat des Muses armoricaines et vendéennes
et Collecteur de l'Œuvre du Noviciat des Frères de Saint-Viateur
aux Ternes, par Saint-Flour (Cantal)

LA BRETAGNE

A VOL D'OISEAU

IMPRESSIONS DE VOYAGE

LIGUGÉ (VIENNE)

IMPRIMERIE SAINT-MARTIN

1898

LA BRETAGNE

A VOL D'OISEAU

Située à l'ouest de la France, et s'allongeant en presqu'île entre la Manche et l'Océan, la Bretagne hérisse de pointes aiguës sa côte granitique ; caps, falaises, îles et récifs l'entourent comme d'une ceinture. Ouverte aux quatre vents du ciel, elle reçoit en plein le choc des tempêtes. Deux mers se la disputent, mais les monts d'Arrée et les montagnes Noires sont là pour repousser leurs assauts. Quoique brumeuse, sévère, mélancolique, elle est belle pourtant ; Son aspect tient du grandiose par la puissance du génie créateur qui présida aux imposants tableaux qui s'y déroulent. Son nom seul renferme une magie secrète qui fascine les imaginations. Dans certaines contrées, ses champs de quartz et de schiste sont assez maigres. Au printemps, l'or des genêts, uni au carmin des pommiers en fleurs, cache bien des nudités. Cependant, un peu partout, on trouve de gracieux vallons, au fond desquels, dévalant de la montagne, coulent en chantant des ruisselets qui vont mêler leurs doux murmures au fracas de l'Océan. Dans ces charmantes solitudes s'étendent de grasses prairies où paissent d'excellentes vaches laitières, aux cornes lisses et recourbées, au cuir souple et fin, à la robe noire mouchetée de blanc. De hauts clochers, vrais bijoux de dentelle, trahissent les villages que des plis de terrain dissimulent dans le creux des vallons.

Les plages de Bretagne sont lugubres, tristes, parfois imposantes, jamais inanimées. Le ciel et la terre, à l'approche de la mer, y prennent une physionomie empreinte d'une grandeur monotone qui élève l'âme. Aucun spectacle n'a gravé dans notre esprit un souvenir impérissable comme celui des vagues en fureur qui, à la pointe du Raz, à Penmarch et à Quiberon, venant du large, accouraient, tels de blancs escadrons, se précipiter contre le granit du bord.

Au fond de la Cornouaille, pays désolé, moitié sauvage, l'Océan élève sa voix formidable. A certains rochers de la côte se rattachent de sinistres légendes : l'Enfer de Plogoff, la baie des Trépassés, le trou du Diable, ont été les témoins muets de bien des naufrages. Dans ces régions nues et ternes un ennui indéfinissable saisit le cœur du touriste, surtout s'il est seul en présence d'une tempête qui sème partout la terreur. Contre le granit sonore sanglotent les vagues. Tout un peuple de lames, insurgées, soulevées par d'invisibles mains, chevauchent côte à côte, l'écume à la gueule et crinière au vent; la mer est leur champ de course, l'immensité est leur domaine.

terroriser les insulaires et les pêcheurs de la côte est leur passe-temps ; joindre aux éclats, aux sourds grondements de la foudre la voix du canon qui tonne et le bruit de la meule qui écrase, est leur jeu favori. Le vent siffle avec rage. Sous les efforts de la tempête, battant la falaise à coups redoublés, au loin le sol tremble, et la consternation est grande au foyer du pauvre marin. Un être chéri est absent; il est là-bas qui lutte contre des forces aveugles. Pourtant, il approche, mais pour venir faire naufrage en entrant au port, et cela quelquefois sous les yeux en larmes d'une épouse adorée.

Pourtant, à certaines heures, la mer offre aux regards du spectateur le tableau le plus séduisant qu'il y ait au monde. Le décor est sévère et changeant, mais la scène tient du sublime. La sauvage harmonie des flots, la plainte éternelle des lames qui se brisent en poudroyant dans l'air, vous bercè constamment. Pour les âmes inquiètes et les cœurs troublés, le calme s'impose, et les solitudes de Penmarch et du Raz sont reposantes. Sur ces hautes falaises fouettées des vagues, sans doute, la vie intellectuelle est nulle pour une classe d'hommes, mais l'artiste, le poète y trouve les sources d'inspirations nouvelles. Spontanément, il entrevoit un idéal, il conçoit un rêve qu'il fixe à l'instant sur le papier. Provinciaux, Parisiens de Paris surtout, ô vous que l'anémie, la lassitude, le découragement accable, sortez donc de cette atmosphère enfiévrée et venez faire une halte au fond de la Cornouaille ! Votre débile santé demande au tourisme quelques jours de bains de paresse, et même, avec beaucoup de précautions, quelques bains d mer. Alors, la joie des souvenirs évoqués vous fera goûter l'ivresse du retour dans le pays aimé. Moi, poète obscur, en parcourant les cimes reverdies de nos belles et riches montagnes d'Auvergne, je me suis senti remué jusqu'au fond de l'âme; cependant, il manquait à ma vie de « commis-voyageur du bon Dieu » une des plus poétiques, des plus profondes impressions, et, l'an dernier, la côte de Bretagne, avec sa mer sauvage, a révélé à mon âme bien des secrets. Toutefois, loin de ma chère Auvergne, à certaines heures, la nostalgie me saisissait; alors, j'enviais le sort de ces bons Bretons qui luttent et travaillent pour la vie, mais qui tous, du moins, dans ce lieu retiré de la douce France, avaient un asile pour se reposer, et même, au besoin, un gîte pour mourir, chose qui me manquait.

L'Armorique, qu'on appelle aussi vieille terre d'Armor, ou pays de la mer, mérite bien ce nom, car c'est uniquement aux eaux de l'Océan qu'elle doit et la moiteur de son climat et sa configuration géographique. Cette province forme, on le sait, cinq départements, dont le plus breton est le Morbihan. Imposant d'aspect, lugubre de souvenirs, sa terre est pierreuse, mais sa race est de granit. A vol d'oiseau, parcourons ce riant pays. Partis de Nantes, nous quittons Vannes. Déjà la belle statue, à laquelle la gare de Sainte-Anne sert de piédestal, nous avertit que nous foulons une terre sanctifiée par l'aïeule de Jésus, une terre devenue son pays d'adoption, mieux encore, son patrimoine. Approchons : voilà la basilique qui profile sa flèche aiguë sur le fond gris du ciel. En pèlerins fervents, entrons et prions de tout cœur. Sous l'action du ciel, ce coin de terre s'est merveilleusement transformé. Sous le regard virginal de la patronne des Bretons, il fleurit tous les jours : c'est une oasis délicieuse au milieu d'un désert. A une faible distance, de forme ovale, entouré d'une double rangée de sapins gigantesques, apparaît le champ des Martyrs. Là, au bord d'un marais au milieu duquel serpente la rivière d'Auray, en 1795, de farouches républicains fusillèrent neuf cents émigrés. Plus loin, dans une sorte d'ermitage, se cache la Chartreuse où reposent les restes vénérés

> De ces héros fameux, frappés pour la défense
> Des droits sacrés de Dieu, du Pape et de la France.

La vapeur nous transporte à Plouharnel. Allons visiter les allées de Carnac, le sanctuaire du monde celtique, devant lequel le paysan passe, dit-on, en se signant. Assez près de la mer s'arrondit un étrange tumulus couronné par une chapelle. Je ne puis jamais passer au pied du calvaire de Saint-Flour sans penser au tumulus de Carnac, tellement la similitude est frappante entre ces deux monticules si différents de pays et de souvenirs. Les monuments mégalithiques que ce grand tertre domine, monuments semblables à des chicots de dents de quelques monstres antédiluviens, et qu'on a longtemps attribués aux druides, ne remontent, paraît-il, qu'à César, dont les soldats se seraient fait un jeu de dresser ces rangs de pierres, au nombre de dix, dans une plaine longue de quinze cents mètres. Pas très loin de là, à Lokmariaker, nous pouvons voir les restes d'un menhir qui était formé d'un seul bloc de vingt-cinq mètres de haut. Quiberon, que nous avons déjà chanté, tristement célèbre par la malheureuse descente des émigrés en 1795, est là-bas qui s'avance dans la mer.

Dans plusieurs cantons, notamment à Auray, la population, fortement attachée aux saintes croyances, a gardé son costume traditionnel, ses usages, sa vieille langue celtique, et résiste avec effort aux mœurs contemporaines.

Pourtant, jusque-là, un seul costume du sexe masculin fixe mon attention. Cet homme est de Pontivy. Qu'il est beau sous son habit en drap de Mazamet ! son veston, d'un blanc mat, est tout enrichi de broderies noires. Les paysans de cette contrée du Morbihan n'ont conservé, du moins dans leur tenue ordinaire, qu'un grand chapeau tout rond, orné d'un ruban noir qui pend derrière le dos ou qui flotte au gré du vent autour des épaules. Les femmes, au contraire, suivent fidèlement la tradition. Sans être un observateur de marque, j'ai été frappé par le caractère religieux des coiffures féminines. On ne voit que bonnets de nonnes et cornettes de sœurs. La modestie du regard, jointe à la gravité de la physionomie des Morbihanaises, ajoute encore à l'illusion. Là, comme dans le reste de la Bretagne, chaque hôtel me produit l'effet d'un monastère, chaque table d'hôte me rappelle un réfectoire où je me vois servi par les dames de la Retraite ou par les Augustines. Je suis presque tenté de les nommer « ma mère » ou « ma sœur » selon leur âge. Le commis-

voyageur en train de « faire la Bretagne » me sur-
prend un peu quand il vient s'asseoir près de moi, à
table, sans faire un grand signe de croix et sans dire
son *Benedicite* avant de prendre son potage. Un
soir, à Vannes, la servante de l'hôtel de France m'a
produit l'effet d'un portrait d'abbesse peint par
Murillo; en me présentant le plat de raie au beurre
noir, elle fit entendre des mots si doux, si pieux,
qu'il me sembla qu'elle disait un *oremus*, et, ma
foi, je fus sur le point de lui répondre : *Amen.*

Grâce à l'influence du Gulf-Stream, le Finistère
jouit d'une riche végétation. Ses fruits et ses légumes
franchissent les mers. Saint-Pol-de-Léon et Roscoff
sont renommés pour leurs primeurs qui consistent
en artichauts et choux-fleurs. Le varec ou goémon,
sorte de plante marine de la famille des algues,
offre aux laboureurs ses nombreuses tribus. Employé
sec, il devient un fumier très actif. On s'en sert
encore pour l'emballage et pour la literie. Au pays
d'Armor, les hommes sont grands, forts et profon-
dément religieux. Le fond de leur caractère est une
douceur empreinte d'une mélancolie qu'ils tiennent
de leur ciel. Un des rédacteurs du *Soleil*, M. Fabu-
let, me disait que, dans ses longs voyages, nulle
part il n'avait rencontré de tels hommes au point
de vue de la taille, de la carrure et de l'aménité du
caractère. « Je crois, ajoutait-il, que la plus belle
espèce humaine s'est réfugiée ici. » Les arbres y
brillent presque par leur absence; cependant, l'un
d'eux, le fameux figuier de Roscoff, par ses propor-
tions extraordinaires, attire à bon droit l'attention
des voyageurs. Le clocher de cette ville, tout en

granit sculpté, et le Creizker de Saint-Pol-de-Léon, dont la flèche superbe perce la nue, sont dignes de remarque. Chez nous, les églises sont de petites horreurs auprès de ces chefs-d'œuvre de la foi bretonne.

D'ailleurs, l'Armorique a de tout temps fait la joie des antiquaires. Vous n'y trouverez guère de bourgs, de hameaux, qui ne se recommandent aux savants par l'ancienneté de leurs pieux édifices. Peu connaisseur en fait d'archéologie, je laisserai dans le dictionnaire de Viollet-le-Duc les trois ordres du gothique, et je n'aurai garde de m'embrouiller dans le style rayonnant ou flamboyant. Qu'il me suffise de contempler en passant, et de saluer avec respect ces sveltes clochers de campagne, bons vieux nids d'*Angelus*, d'hirondelles et de corneilles, et dont la flèche dentelée monte droit vers le ciel comme pour indiquer son chemin à la prière des fidèles.

Dans les Côtes-du-Nord, l'agriculture et l'élève du bétail méritent une mention spéciale. Le pays est riche et boisé. Lamballe et Guingamp sont à demi cachés dans de vrais nids de verdure.

La culture des terres est en honneur dans l'Ille-et-Vilaine; de plus, le commerce maritime uni à la pêche est une des sources qui alimentent les revenus et répandent le bien-être parmi une population saine et laborieuse.

Enfin, la Loire-Inférieure, bien partagée sous tous les rapports, se recommande aux lettrés par le souvenir des faits historiques dont elle a été le théâtre.

Saint-Nazaire et Brest s'ouvrent sur l'Océan. Saint-

Malo tend les bras à la Manche. Rennes et Nantes sourient au continent. Ce sont les cinq portes, les cinq clefs de la Bretagne. L'aspect de Saint-Malo est des plus intéressants. Environnée de hauts remparts, battue des vagues, on prendrait la vieille cité des pirates pour une ville flottante, ou plutôt pour un nid d'aigle, de vautour ou d'orfraie. En face des flots bleus de la Manche émerge le Grand-Bey, rendu célèbre par la sépulture d'un de nos plus grands écrivains. J'ai nommé l'auteur des *Martyrs* et du *Génie du Christianisme*. Sur la côte, au sein d'une végétation luxuriante, Dinard, Paramé, Saint-Servan, étalent avec orgueil, aux regards du voyageur émerveillé, tout ce que l'art joint à la magnificence peut créer en fait d'habitations somptueuses. Les Anglais sont là. Cette ligne de chalets, de châteaux entrecoupés de parcs qui, surplombant la mer, se mirent dans ses flots, se chauffent au soleil, leur appartient du moins en partie. Non loin, la fertile vallée de la Rance n'a rien à envier à notre belle et riche Limagne.

Bien plus bas, Nantes, avec ses importantes raffineries, est connue dans l'histoire par le fameux édit de 1598, en faveur des protestants ; accordé par Henri IV, Louis XIV le révoqua en 1685. Cette ville m'a paru un demi-Bordeaux. Moins brillante que la capitale de la Guyenne, mais plus sage, on y aperçoit un mélange d'opulence coloniale et de sobriété bretonne. Au milieu de la cité passe, non la belle Garonne, mais la grande Loire, où notre vil Carrier faisait ses mariages républicains.

Au point extrême, c'est Brest, un peu comme

Londres, la patrie du spleen et des brouillards ; c'est Brest, la pensée géniale de Richelieu et la main puissante de Louis XIV ; c'est Brest enfin avec son port militaire, son arsenal, ses forges, ses chantiers, ses canons, sa rade vaste et sûre pouvant donner abri à 500 vaisseaux de ligne et qui communique avec la mer par un goulet de 2,000 mètres. Là se trouve le *Borda*, où se forment nos officiers de marine. Là, que de richesses entassées au bout de la France ! Tout près, l'Océan écume et gronde. La vague en fureur claque au rocher, poudroie, écrase, pulvérise. La résistance est passive, mais le choc est formidable et l'on se sent pris de peur. La pointe de Brest marque donc la limite extrême de notre chère patrie : c'est la proue de l'ancien monde.

Entre Saint-Malo et le mont Saint-Michel, dont nous aurons à parler plus tard, est Cancale, connue des gourmets pour ses huîtres. Dans l'Atlantique, n'oublions pas l'île d'Ouessant, où se livra, en 1778, un combat naval entre d'Orvilliers, amiral français, et l'anglais Keppel. Guérande, dans la Loire-Inférieure, occupe aussi une place dans notre histoire : c'est dans cette ville qu'après la bataille d'Auray, où périt Charles de Blois, et où Du Guesclin se rendit au général anglais Jean Chandos, que fut signé, en 1365, un traité qui mit fin à une guerre de vingt-cinq ans entre la maison de Blois et celle de Montfort.

Le génie propre aux enfants de la Bretagne, et que vingt siècles, de leurs pas pesants, ont respecté, est un peu celui des fils de l'Auvergne : c'est le génie de la bravoure chevaleresque, du courage poussé jusqu'à l'héroïcité de toutes les vertus. A chaque époque de notre histoire nationale, on a pu rendre justice à la ferme et intrépide ardeur de ses vaillants guerriers. Sous le feu de l'ennemi, dans le choc des batailles, les a-t-on jamais vus plier? Comme la garde à Waterloo, le Breton meurt, mais ne se rend pas; il meurt pour le salut de la Patrie, il meurt pour les intérêts de la Religion. A la voix de Pie IX, Lamoricière enfant nantais, accourt, et on ne sait s'il faut plus admirer le grand vainqueur d'Abd-el-Kader, ou le noble vaincu de Castelfidardo. L'immortel prisonnier de Gaëte, qui se connaissait en hommes, choisit le héros de Constantine et son premier aide de camp, le colonel marquis Georges de Pimodan, pour commander les troupes papales. Lamoricière, se plaçant au-dessus des passions politiques, qu'il dominait de toute la hauteur du général sans peur et du chrétien sans reproche, commentait ainsi les paroles du vieux Montluc : « Mon âme est à Dieu, mon épée à la France et à l'Église; quant à mon honneur de soldat, foi de Breton, je le léguerai, en mourant, au Pontife pour la liberté duquel je fais généreusement le sacrifice de ma vie. » C'est que, dans cette poitrine d'homme, battait un grand cœur, je dirais presque l'âme de la Patrie. Voilà pourquoi il importait peu à l'illustre Nantais d'être ou non citoyen français d'après le code Napoléon. Il voulait être avant tout citoyen du ciel. Sa vie de héros fut couronnée par une mort de prédestiné. Et si de Cathelineau est surnommé le Saint de l'Anjou, pourquoi n'appellerait-on pas Lamoricière le Saint de la Bretagne? Ainsi savent mourir les fils de l'Armor. Pour la défense du trône et de l'autel, leur tête s'est montrée aussi dure que le granit des côtes, et parfois plus résistante que le fer des ennemis de la foi et de la nation. Que de victoires, que de hauts faits illustrèrent à travers les âges ces vaillants athlètes! Le cadre d'une simple brochure impose des limites à ma *Bretagne à vol d'oiseau*; sans cela, nous aurions une idée exacte de ce peuple de race forte et énergique en retraçant son histoire, histoire qui nous apparaît comme une grande épopée, où des hommes de marque sont plus en relief selon les époques, mais où tous, seigneurs et vassaux, roturiers et gens de lettres, se disputent le prix d'honneur.

Sans remonter si haut, reportons nos souvenirs à la funeste guerre de 1870. L'Armorique est sous les armes; elle frémit d'impatience et de rage; elle prie, elle espère; ses enfants accomplissent des prodiges de valeur; mais la France est aux abois, mais à l'impéritie de quelques chefs, mais aux fautes de nos gouvernants s'ajoute le manque d'ordre, de discipline militaire, et nos soldats ne sont pas aguerris. Soudain une noire trahison livre notre pays au farouche Allemand, et le sang que répandent si généreusement les braves soldats de l'armée de l'Ouest ne cesse de couler que devant une honteuse capitulation. Non, Bretagne, tu n'as pas été vaincue, mais trahie. Bretagne grande et forte, avec des hommes comme les tiens et comme les nôtres, on pourrait songer à une revanche future.

Noble fils de l'Armor, garde bien tes usages.
Conserve, avec ta foi, ton langage et ton cœur,
Et les bardes d'Auvergne, aux flancs des monts sauvages,
Cueilleront pour ton front la fleur d'or du vainqueur.

La ville des corsaires et des négriers, la cité malouine a vu naître le trop fameux Félicité de Lamennais et son auguste frère Jean-Marie, qui fonda
l'Ordre des bons Frères de Ploërmel, les marins
Jacques Cartier et Duguay-Trouin, Mahé de La
Bourdonnais, gouverneur des îles Bourbon, le docteur matérialiste Broussais, le mathématicien Maupertuis, le célèbre corsaire Surcouf, capitaine à
vingt ans, enfin l'illustre Chateaubriand. L'îlot du
Grand-Bey, en breton *Grande Tombe*, sert de piédestal à son tombeau. Les vagues de la mer, à voix
haute, bercent constamment son dernier sommeil.
L'Armorique a encore donné le jour aux connétables
de Richemont, Duguesclin, de Clisson, ainsi qu'à
tont un clan de poètes : Turquety est né à Rennes,
Brizeux et de Beauchesne à Lorient. Elisa Mercœur,
surnommée la Muse nantaise, Lamoricière, le général Cambronne et le dialecticien Abélard ont grandi
au bord du fleuve des noyades. L'auteur du *Diable
Boiteux*, Lesage, est né à Sarzeau (Morbihan).

Citons, en passant, le nom du général Moreau,
enfant de Morlaix ; mais gardons-nous d'oublier une
célébrité chère à notre pays. Son nom, lecteurs,
vous l'avez deviné : c'est celui de La Tour d'Auvergne, né à Carhaix (Finistère), le premier grenadier
de France, mort au champ d'honneur les armes à la
main. Type achevé de la bravoure, en lui se personnifie la devise bretonne : « *Potius mori quam
fœdari* : plutôt mourir que faillir à l'honneur. »

LIGUGÉ (VIENNE)

IMPRIMERIE SAINT-MARTIN

M. BLUTÉ

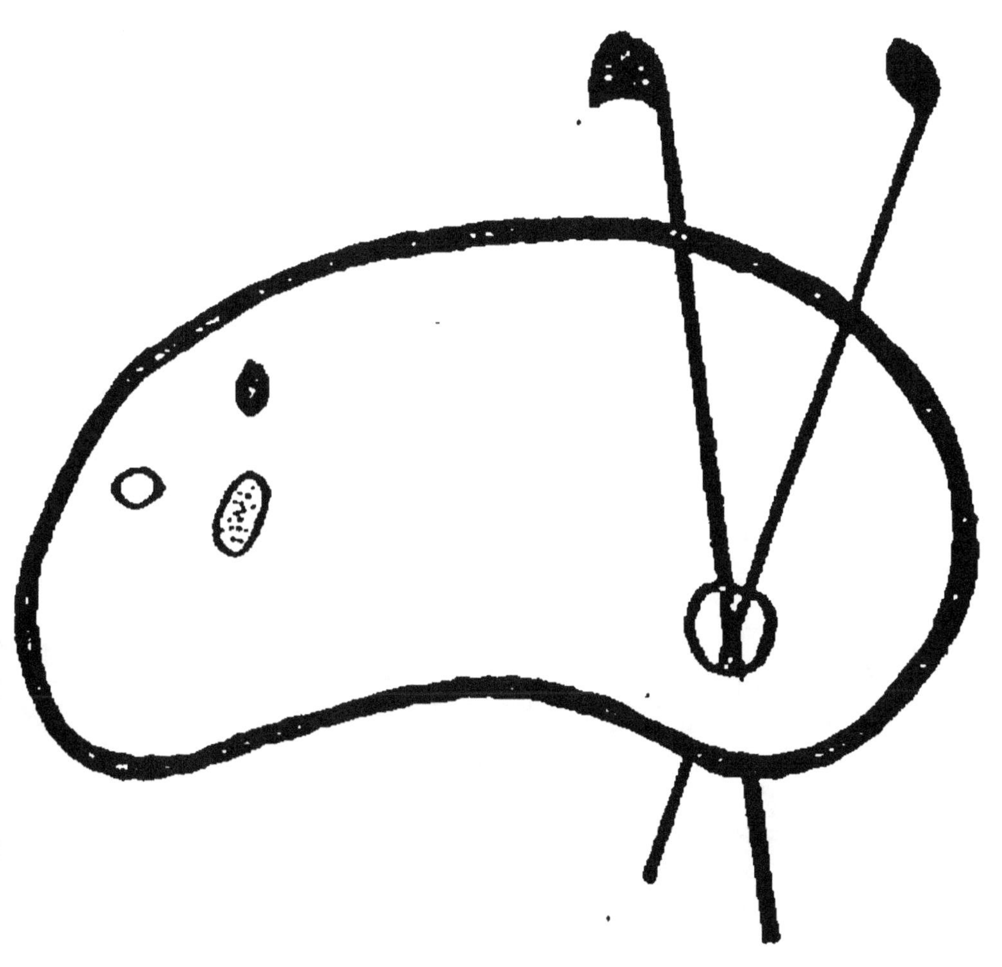

ORIGINAL EN COULEUR
NF Z 43-120-1